희망봉

희망봉은 남아프리카 공화국 케이프 반도 끝에 있는 암석곶*입니다.
원래 그 곳은 폭풍 때문에 길을 잃었던 선원들이 '폭풍의 곶'이라 이름지었으나 나중에는 인도로 가는 항로를 개척한 데서 연유하여 '희망의 곶' 즉 희망봉이라 이름지었다고 합니다.

*곶 : 바다 쪽으로 좁고 길에 뻗어 있는 육지의 한 부분.

남아프리카 최초의 흑인 대통령 · 만델라

추천 | 한국아동문학연구회

1982년에 창립된 한국아동문학연구회는 아동 문학가 엄기원 선생님을 비롯, 우리 나라 아동 문학에 커다란 영향을 끼친 작가분들로 이루어진 단체입니다. 한국아동문학연구회에서는 신인 아동 문학가 발굴과 동화 구연 대회 및 여러 세미나를 통해 우리 나라 아동 문학 발전에 큰 기여를 하고 있습니다.

감수 | 김동철(현 안성 죽산 초등학교 교사) · 박홍남(현 상인천 초등학교 교사)
이대효(현 동대전 초등학교 교감) · 정승천(현 안산 석호 초등학교 교사)
정필성(현 수원 연무 초등학교 교사) · 조평섭(현 광주 본촌 초등학교 교사)

글 | 백모란

사학을 공부하고 좋은 책을 쓰는 사람들의 모임 비단 구두에서 어린이들을 위한 책을 만드는 데 힘쓰고 있습니다. 우리 아이들에게 재미있고 유익한 역사책을 쓰는 게 꿈이랍니다.

그림 | 심성엽

산업디자인을 공부하였고, 그림 동화 모임인 잔디올 회원입니다. 지금은 프리랜스 일러스트레이터로 활동하며, 작품으로는 창작 동화 〈뽕뽕 신발 신고〉, 〈홍길동전〉, 〈재주꾼 여섯 형제〉, 〈알라딘과 요술램프〉, 〈아버지의 유서〉 등이 있습니다.

펴낸이 | 이대철 **펴낸곳 |** (주)한국슈바이처
기획편집 총괄 | 김학훈 **편집 진행 |** 이철민 **편집 |** 지민이 · 강은일
디자인 책임 | 오영희 **디자인 |** 이하나
주소 | 경기도 하남시 신장동 564-3 새하남 B/D 8F **대표전화 |** (031)793-1618
전송 | (031)793-6841 **출판등록번호 |** 2001년 5월 17일 2009-45172호
고객 상담전화 | 080-232-1618 **홈페이지 |** www.skkidbook.co.kr

자료 협조

AFP Photos, Corbis Corporation, EURO PHOTO SERVICE CO., LTD, Getty Images, Graphic Communication Network, Q-vision, LEGO Group, John Foxx Digital Vision Co., Ltd, United Nations, Yonhap Photo

- 사진 저작물의 초상권자와 저작권자를 찾지 못한 일부 사진에 대해서는 확인되는 대로 동의를 받겠습니다.

ⓒ Korea Schweitzer Co., Ltd.

이 책에 실린 글과 그림의 일부 또는 전부를 무단 복제하거나 전산 장치에 저장하거나 전파할 수 없습니다.

⚠ 주의 책의 모서리가 뾰족해서 던지거나 떨어뜨리면 다칠 우려가 있으니 주의하십시오.

잘못 만들어진 책은 바꾸어 드립니다.   Printed in Korea

남아프리카 최초의 흑인 대통령

만델라

글 백모란 | **그림** 심성엽
감수 김동철(안성 죽산초교 교사 외)

(주)한국슈바이처
KOREA SCHWEITZER CO., LTD

1994년 5월 10일, 남아프리카 사람들은
두근거리는 가슴을 누르며 텔레비전을 보고 있었어요.
"우리는 이제 자유와 권리를 찾았습니다!"
텔레비전에서는 한 노인이 환하게 웃으며 연설을 하고 있었어요.
"엄마, 저 할아버지는 누구예요?"
한 흑인 아이의 말에 어머니는, 눈물을 글썽이며 이렇게 말했어요.
"저분이 바로, 우리 나라 최초의 흑인 대통령 넬슨 만델라란다."

"흑인도 교육을 받아야 해요. 똑똑한 롤리흘라흘라를 학교에 보내세요."
학교에서 교육을 받는 흑인이 많지 않은 때였어요.
하지만, 부모님은 롤리흘라흘라만은 학교에 보내기로 마음먹었어요.
살림이 어려웠던 아버지는 자신의 바지를 잘라 롤리흘라흘라가 입을
바지를 만들어 주었답니다.
아버지가 만들어 준 바지를 입고 학교에 간 첫날,
선생님은 롤리흘라흘라에게 영국식 이름을 지어 주었어요.
"앞으로 네 이름은 넬슨 만델라야!"
이 때부터 롤리흘라흘라는 '넬슨 만델라'라고 불리게 되었답니다.

시나브로
백인들은 흑인들을 무시하고, 흑인들의 부족식 이름을
부르기 꺼려했어요. 그래서 만델라도 원래 이름인
'롤리흘라흘라' 대신, '넬슨'이라는 영국식 이름을 갖게 되었지요.

아버지가 세상을 떠나자, 만델라는 친척집에서 살게 되었어요.
추장인 친척 아저씨의 집에는 가끔 다른 부족의 추장들이
모여 여러 가지 회의를 하곤 했어요.
회의가 끝나면, 아프리카 역사에 대해 이야기를 나누기도 했지요.
만델라는 조상들의 이야기가 너무 재미있어 몰래 엿듣곤 했는데,
그 중 백인들의 침략에 맞서 싸운 아프리카의 위대한 추장들의
이야기를 좋아했어요.

만델라가 태어난 트란스케이의 오두막집

시나브로
만델라는 남아프리카 트란스케이의
작은 마을에서 태어났어요.
그의 아버지, 헨리 움파카니스는 한 부족의
추장으로 열두 명의 부인이 있었다고 해요.
만델라의 어머니, 파니는 세 번째 부인이었어요.

어느 날 아프리카의 위대한 시인 음카이가 만델라가
다니는 학교를 방문했어요.
"우리는 백인이 우리 나라에 들어오게 두었지만,
앞으로는 우리의 문화를 다시 꽃피워야 합니다!"
만델라는 음카이가 백인 교장을 앞에 두고
당당하게 주장을 펴는 것을 보고 깜짝 놀랐어요.

만델라는 학교에서 백인들 중심의 교육을 받으며
자신들의 문화가 백인들보다 뒤처진다고 생각해 왔어요.
하지만 연설을 들은 만델라는 아프리카 토착* 문화가
얼마나 아름답고 우수한지를 깨달았지요.
'나는 자랑스러운 아프리카 사람이야!'

*토착 : 대대로 그 땅에 살고 있음.

학교를 졸업한 만델라는 변호사가 되기로 마음먹었어요.
만델라는 낮에는 변호사 사무실에서 일하고,
저녁에는 변호사가 되기 위해 법률 공부를 했어요.
하지만 월급이 적어 수업료를 내고 나면 생활비가 부족했어요.
만델라는 옷을 살 돈이 없어서 변호사가 물려준
낡은 양복을 5년 동안이나 입고 다녔어요.
'무슨 일이 있어도 나는 꼭 변호사가 될 거야!'
어려움 속에서도 만델라는 변호사의 꿈을 포기하지 않았답니다.

변호사 시절의 만델라

백인들은 법으로 백인들만의 버스, 마을, 식수 등을 정해 두고
흑인들에게는 사용하지 못하도록 했어요.
또, 흑인들에게는 어렵고 힘든 일을 시켰고, 여행을 하려면
통행증을 가지고 다녀야 했어요.
'어렵게 사는 우리 흑인들을 도울 방법이 없을까?'
변호사가 된 만델라는, 이런 억울한 일들을 당한 흑인들이
처벌받지 않도록 변호했답니다.

"어려운 일이 생겼다고? 그렇다면
만델라 씨를 찾아가 봐."
그러나 흑인 변호사가 많지 않았던 때라
만델라 또한 백인 판사에게 변호사 자격증이나
있냐며 무시당하기도 했답니다.

만델라는 변호사 일을 하면서
흑인들을 돕는 한편, 잘못된 법을 바꾸어서
자유를 되찾아야겠다고 생각했어요.
만델라는 흑인들의 권리를 되찾기 위해 일하는
아프리카 민족 회의에 가입했어요.
"모든 국민들은 동등한 권리와 기회를 누려야 한다!"
아프리카 민족 회의는 일을 하러 가지 않거나,
아이들을 학교에 보내지 않는 평화로운 방법으로
잘못된 법에 항의했답니다.
하지만 정부에서는 아프리카 민족 회의가
반정부* 활동을 했다며 만델라를 체포해 버렸어요.

*반정부 : 정부에 반대하는 일.

"만델라! 지난번 경찰서 시위에서 어린아이도 죽었답니다.
백인들이 총을 쏘며 시위를 진압하는데 이젠 어떡하면 좋을까요?"
감옥에서 만델라는 비극적인 소식을 듣게 되었어요.
만델라와 동료들은 더 이상 평화로운 방법만으로는 잘못된 법을
고칠 수 없다고 생각하게 되었어요.

감옥에서 나온 만델라는 백인들을 혼내 줄 '움콘토'라는 군대를 만들었어요.
그러는 동안 만델라와 아프리카 민족 회의가 자유를 위해 애쓰고 있다는
사실이 나라 밖에 알려지기 시작했어요.
그래서 다른 나라 사람들도 아프리카 민족 회의가 원하는 자유를 얻게
되길 바라게 되었지요.

'쾅! 쾅쾅!'
어느 날, 백인들의 관청에서 폭탄이 터지고,
수천 장의 전단*이 뿌려졌어요.
"우리는 아프리카 민족을 위해 일하는 움콘토다.
더 이상 백인들에게 죽임을 당하고 있지만은 않겠다!"
이 사건으로 인해 백인 정부는 큰 충격을 받았어요.
그래서 흑인들이 무기를 갖고 있을 때에는
사형을 시킬 수도 있다는 법을 재빨리 통과시켰어요.
만델라는 정부에 맞설 방법을 찾아야만 했어요.
그러던 중, 요하네스버그에 다른 동료들을
만나러 가는 길에 경찰에 붙잡히게 되었어요.

*전단 : 선전 광고의 취지를 적은 종이.

체포된 만델라는 재판을 받게 되었지요.
"나는 군대를 조직했고, 관청을 폭파하도록 시켰습니다. 그것은 부당하고 잘못된 법에 맞서는 유일한 방법이었기 때문입니다."
판사는 만델라에게 로벤 섬의 감옥에서 생을 마감하라며 종신형을 선언했어요.

만델라가 로벤 섬에 갇혀 있는 동안에도,
남아프리카 곳곳에서는 자유를 위한 운동이 일어났어요.
백인들은 이들을 잡아 로벤 섬에 가두었는데 그 수가 천 명이 넘었어요.
만델라와 동료들은 감옥에 잡혀 온 흑인 청년들을 모아
아프리카의 역사와 정치, 경제 등을 가르쳤답니다.

만델라와 흑인 지도자들은 감옥에 갇혀 있었지만,
백인 정부에 맞서는 흑인들은 점점 더 늘어났답니다.
이제 남아프리카에는 자유를 위해 싸우는 단체들이 많아졌어요.
그리고 나라 밖에서도 흑인들의 자유와
만델라의 석방을 요구하는 압력이 높아졌지요.
마침내 만델라는 감옥에 들어간 지 27년 만에 풀려났어요.
남아프리카의 대통령은 더 이상의 폭력 사태는
막아야 한다며 만델라에게 도움을 청했어요.
마침내 만델라와 대통령은 대화를 통해 흑인들을
차별하는 잘못된 법을 없앴답니다.
자유를 얻기 위해 평생을 바친
만델라와 잘못된 법을 없애기로 한
드 클레르크 대통령은 공동으로
노벨 평화상을 받았어요.

노벨 평화상을 받은 만델라와 드 클레르크 대통령

"우리 모두 투표에 참여합시다.
흑인의 손으로 우리의 지도자를 뽑읍시다."
남아프리카의 모든 국민이 평등한 새 헌법
아래에서 투표를 실시해, 만델라는
흑인 최초의 대통령으로 선출되었어요.
그 동안 백인들에게 탄압을 받았지만,
그들 모두에게 화해의 손길을 내민 넬슨 만델라는
세계 인권 운동의 살아 숨쉬는 역사랍니다.

흑인 최초의 대통령 만델라

만델라 생활사 박물관

| 흑인 차별 정책을 무너뜨린 인권운동가 |

"나는 아프리카 국민을 위해 내 삶을 바쳤습니다.
나는 백인 우월주의에 대항하여 싸웠으며, 흑인 우월주의에도 대항해서 싸웠습니다.
나는 모든 사람들이 동등한 기회를 갖고 평등하게 살아가기를 꿈꾸고 있습니다.
그것이 진정 내가 바라는 것이며 필요하다면 그것을 위해 기꺼이 목숨도 내놓을 수 있습니다."
이 말은 흑인 인권 운동가이자 남아프리카 공화국 최초의 흑인 대통령 넬슨 만델라의 연설문입니다.
그는 이제 세계 인권 운동의 상징이 되었습니다.

▲ 1995년 우리 나라를 방문한 만델라

▲ 김영삼 전 대통령과 악수를 나누고 있는 만델라

▲ 80세 생일 때

▲ 85세의 생일

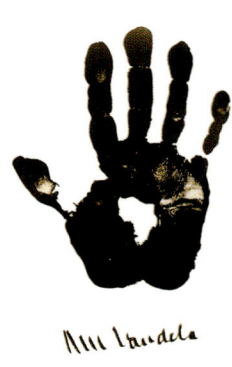

▲ 만델라의 핸드프린트 작품

▲ 만델라의 부인 위니

▲ 1958년 만델라와 위니의 결혼식

▲ 만델라가 태어난 트란스케이

이 곳은 원래 코사족의 자치국이었으나 1994년 남아프리카로 편입되었어요.

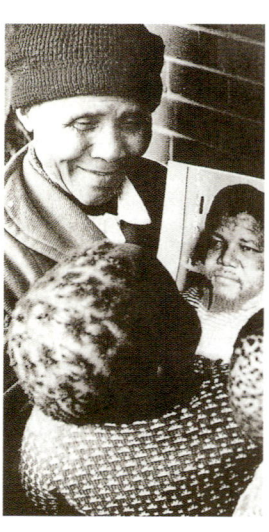

▲ 만델라의 어머니

· 인물 파노라마

남아프리카 공화국의 인종 차별 정책, 아파르트헤이트

'아파르트헤이트'라는 말이 무슨 뜻인지 아니?
'분리', '격리'를 뜻하는 아프리칸스 어래.
보통, 남아프리카의 인종 차별 정책을 가리킬 때 쓰는 말이야.
오랜 옛날, 백인들이 남아프리카로 옮겨 와 살게 되었대.
그런데 그들은 백인이 흑인 보다 훨씬 잘났다고 생각했는지,
흑인들을 멸시하고 억압했다는구나.
그러다 1948년, 백인이 흑인을 지배하는 걸 당연하게 생각해
아파르트헤이트라는 인종 차별 정책을 만들어 버린 거야.
흑인과 백인은 결혼해서도 안 되고, 화장실도 따로 써야 되고,
백인의 허락 없이 이동해서는 안 되고.
이 밖에도 흑인들의 인권을 탄압하는 여러 가지 법이 생겼어.
1960년, 흑인들은 평화적인 시위로 백인에게 저항을 했지.
그런데 경찰들은 총을 쏘며 시위대를 진압해 69명이 목숨을 잃었단다.
이 사건을 '샤프빌 학살 사건'이라고 해.
그 후에도 백인들의 탄압에 흑인들은 굴복하지 않고 끊임없이
저항을 했어. 마침내 1990년, 인종 차별 정책은 사라지게 되고,
만델라는 흑인 최초의 대통령이 되었지.
지금 남아프리카 공화국 사람들은 여러 인종이 어울려
평화롭게 살아가는 '무지개 국가'를 만들기 위해 노력하고 있단다.

▲ 인종 차별 정책에 항의하는 흑인 시위대들

▲ 흑인 시위대를 해산시키는 경찰

▲ 통행 허가증
흑인은 언제나 통행 허가증을 지참해야 했어요.

▲ 인종 차별 정책은 흑인들에게 많은 고통을 안겨 주었어요.

▲ 남아프리카 흑인 어린이들

▲ 아프리카 청년들

▲ 남아프리카 루트만

▲ 남아프리카에 있는 물개섬

▲ 아프리카 민속 공예품을 파는 가게

▲ 아프리카 원주민들

▲ 아프리카 민속촌의 전통적 모습

▲ 변호사 시절의 만델라

▲ 드 클레르크 대통령
만델라를 도와 남아프리카 공화국의 민주주의를 이룩한 공로로 만델라와 함께 노벨 평화상을 수상하였어요.

▲ 노벨 평화상을 받은 만델라와 드 클레르크 대통령

▲ 대통령 취임식에서 축하를 받고 있는 만델라

▲ 만델라의 70번째 생일을 맞아 록 콘서트가 열렸어요.

▲ 최초의 흑인 대통령 만델라 카 퍼레이드

▲ 만델라의 연설은 많은 흑인들에게 희망을 주었어요.

▲ 감옥에서 나오는 만델라

▲ 인사하는 만델라

인물 이야기 속 세계로의 초대

| 아슬아슬 도주 |

만델라는 경찰의 체포를 피해 턱수염을 기르고 멜빵이 달린 작업복을 입어 정원사로 변장하기도 했답니다. 가장 효과적인 방법은 백인 주인을 위해 일하는 흑인 고용인으로 가장하여 차를 몰고 다니는 방법이었어요.
경찰은 운전사나 정원사를 주의 깊게 보지 않았거든요.
경찰의 눈을 피해 만델라는 한 곳에 오래 머물 수 없었어요.
그래서 계속 옮겨 다녀야 했어요. 한 번은 비밀 경찰 우두머리와
만델라가 나란히 차를 몰고 갔지만 그를 알아보지 못한 적도 있었고,
또 한 번은 아프리카 인 경찰관이 만델라를 알아본 적도 있었어요.
하지만 아프리카 인 경찰관은 민족 회의 특유의 손짓을 하고는 지나쳐 버렸어요.
이따금 만델라의 목격이 뉴스에 보도되고 때로는 만델라 자신이
신문사에 전화를 걸어 기삿거리를 제공해 주기도 했어요.

아파르트헤이트
(흑인에 대한 인종 차별)에
대항해 반역죄로
기소된 사람들

| 법정에 선 만델라 |

만델라는 백인 법정에 들어가는 흑인 남자라는 점을 강조하기 위해
흑인 전통 의상인 표범 가죽을 입었어요.
이것은 민소매 외투였기 때문에 정장을 하고 있는 백인들과
뚜렷하게 구별되었죠.
사람들은 두 팔을 들어올려 주먹을 움켜쥐고 만델라를 응원했어요.
만델라는 법정에서 자신의 신념을 밝히고 정부의 잘못된 정책을
조목조목 지적했어요.
부도덕하고 참을 수 없는 법률과 자신의 양심중에
만델라는 양심을 택했다고도 말했죠.
그리고 법정에 서야 할 범죄자는 다름 아닌 백인 정부라고 말하며
진술을 마쳤답니다.

흑인 전통 의상을 입은 만델라

| 감옥에서의 생활 |

인종 차별은 감옥에도 있었죠. 흑인들만 반바지를 입어야 했거든요. 만델라는 반바지를 입지 않아서 독방에 갇히고, 인간적인 대우를 받지 못했어요. 나중에 그는 이렇게 말했답니다.
"이따금 정신을 차려서 보면, 나도 모르게 바퀴벌레와 대화를 나누고 있었다."
만델라는 정치범이었기 때문에 가장 최악의 대우를 받았어요. 그리고 그 대우를 개선시켜 나간 최초의 인물도 만델라였죠. 감옥 안의 죄수들은 만델라를 존경했어요.
만델라는 자신의 생각을 몰래 밖으로 빼돌리기도 했답니다. 작은 쪽지를 그릇 안에 감추거나 양동이, 변기 안쪽에 테이프를 붙여서 감옥 내 연락망을 통해 전달하는 방법으로 말이에요.

멀리 보이는 섬이 만델라가 갇혀 있던 감옥

만델라가 갇혔던 감옥

| 만델라의 노년 |

할아버지가 된 만델라는 감옥에 있을 때 하지 못한 일들을 했죠. 가족들과 함께 시간을 보내거나 고향 쿠누에서 독서와 운동을 하는 것이에요. 만델라는 쿠누를 무척 사랑하고 있어요.
만델라는 더 이상 정치 활동을 하지 않지만 여전히 많은 존경을 받고 있답니다. 남아프리카 공화국은 아직도 실업과 빈곤 그리고 에이즈를 비롯해 많은 문제를 안고 있지만 만델라는 많은 사람들이 생각했던 것보다 훨씬 안정되고 다인종 국가를 유산으로 남겼어요.

아프리카에 있는 잠베지 강의 석양

• 생각해 볼까요 •

만델라는 무장 투쟁이나 총을 사용할 때가 올 거라고 생각했어요. 그래서 끊임없는 공부와 실험을 계속했지요. 무엇보다도 만델라는 독서가 가장 좋은 방법이라고 여겼기 때문에 게릴라전과 전쟁에 관한 책을 열심히 읽었어요.
쿠바의 혁명가인 체 게바라와 중국의 유명한 마오쩌둥을 다룬 책도 읽었지요.
이처럼 독서는 생각의 폭을 넓힐 수 있는 가장 좋은 방법이 될 수 있어요.
우리는 얼마나 많은 책을 읽었는지, 한 번 되돌아볼까요?

만델라의 생애

남아프리카 최초의 흑인 대통령
Nelson Rolihlahla Mandela

만델라의 생애	1918년 넬슨 만델라 태어남	1950년 만델라, 아프리카 민족회의 전국 집행 위원회에 선출 1952년 흑인 법률 회사 개업	1956년 통행증 소지법에 항의하여 시위 행진을 벌임
	1920년		
그 무렵 우리는	1919년 독립 운동 지도자 30여 명이 임시 정부 수립	1949년 김구 피살	1957년 어린이 헌장 선포
그 무렵 세계는	1915년 중국, 문화 혁명	1928년 소련, 토지사유금지령 제정	1957년 유럽경제공동체(EEC) 조인

옛 베를린의 상징 브란덴부르크문

베를린 장벽 붕괴

동유럽에 불어 닥친 개혁의 바람은 동독과 서독이 접한 베를린 장벽을 개방하였고, 마침내 독일은 분단 41년 만에 통일을 이룩하게 되었어요.